JN241505

思い出せないあの本、探します

あやふや記憶の本棚

あやふや文庫

はじめに

タイトルが思い出せない、一部の描写しか覚えていない、
「あやふや」な本、ありませんか？

一文だけ覚えている、一緒に読んだ人のことを覚えている、
どこで読んだのかは覚えている、心に刺さったシーンを覚えている、
おいしそうな描写だけ覚えている、
でも、本の名前はどうしても思い出せない…。

人間の記憶はあいまいなもので、どれだけ思い入れのあった本だって、
忙しい日々の中で、いつかは他の記憶と混じって、
どうしたってたどり着けないところに流れていってしまう時があります。
どうしたって、思い出せない時はあります。

でも、他の誰かなら？

たくさんの方から寄せられた「本に関するあやふやな記憶」をご紹介し、
これまたたくさんの読書家の皆様に本を推理していただく
「あやふや文庫」というXのアカウントを運営して5年が経ちました。

集まった膨大なやりとりの中から、いくつかの「あやふや記憶」を
お届けさせていただくのが、この『あやふや記憶の本棚』です。
皆様から寄せられた、あやふやで、素敵な記憶をぜひお楽しみください。

これから皆様を、〈7つの書庫〉へとご案内します。
読み終わる頃には、きっとあなたも
「忘れられない本」の存在を思い出すでしょう。

目次

2 はじめに

書庫1 みんなが探してる！

11 おじいさんと、黒猫とパンとミルク
13 国民はみんな、石か氷に…？
15 子どもが作った工場の実態は…？
17 記憶と過去の、不思議な短編集です
19 生まれ変わりの果てにあるのは？
21 主人公が行った異世界は果たして？
23 ご飯にまつわる描写がキーとなるようです
25 天才ハッカーが活躍する未来都市ＳＦ…？

書庫2 〝あの作品〟を探してる！

29 本当に４０００年後、でしょうか…？
31 この特徴的な表現は、もしかして…？
33 昆虫×誘拐は大きな手がかりかもしれません
35 飛び降りたのは、父か、息子か？
37 一見、バラバラの事象ですが…どれも特徴的で？
39 怖い話のあらすじにも見えますが…
41 この記憶だけでも魅力的なあらすじですね
43 かわいい話かと思いきや…？
45 喫茶店に空襲、怪盗…要素が盛りだくさんですね
47 卵の殻を食べる、大きな手がかりになりそうです。

書庫3

変な記憶を探してる！

51 サーカス？　バザール？　響きは似ていますが…
53 だんだん様子が変わってしまう親友と…
55 アガサ・クリスティかと思いきや…？
57 揺れる影の正体は？
59 名前がわかれば見つかりそうなものですが…
61 ヤギか羊かのようですが…一体？
63 「3」が出てくる絵本はいくつかありそうですが…
65 なんでも半分、最後に半分になるものは？
67 このあと、結局どうするんだっけ…？
69 心に残るみそひともじ…詩歌の捜索はやや難しいですね
71 たしかに星新一さんにも思えますが、真相はいかに…!?

書庫4 忘れられないフレーズを探してる！

75 効果音はユニークですが…
77 猫にまつわる謎の呪文？
79 きっと、あなたにも経験があるのでは？
81 寝かしつけ用の絵本でしょうか？
83 回答速度はイントロクイズばりでした
85 あかんぼは何を知らないのでしょう
87 本書の名前も書けません。
89 不思議な問いかけを探しています
91 特徴的な笑い声に、エンピツの入ったシチュー！
93 少女と相手は一体どんな関係なんでしょう
95 奥歯をこじ開け…どうやって？

書庫5 おいしい記憶を探してる!

手に入らなかったものほど、おいしそうに見えますね 99
続々届く、鮨作品! 101
今度はイカの煮物の登場です 103
おいしい描写が盛りだくさん! といえば…? 105
命懸けのスリルのあとは、ひと際おいしい食事になりそうです 107
海外に行くと、和食が恋しくなるとは言いますが… 109
卵の中からいろんな料理が…! 111
夢中になることを「中毒」と表現しますが、まさに… 113
しじみ汁の身、あなたは食べますか? 115

書庫6 試験・教科書の本を探してる!

現代文と思いきや…数学の問題? 119
バンヤンコンジュ(仮)を探しています 121
試験を重ねる中での再会もあるようです 123
試験の中でも、古文は探すのも一苦労… 125
テストで最下位、一見嫌な状況ですが… 127
続きを知る友達がいる…ことも捜索のヒント? 129
お粥を遠くの器に投げ入れる…? のでしょうか 131
そんな文章に出会えるのなら、試験も悪くはないのかも? 133

書庫7 特別な思い出を探してる！

137 自分と違う…ことも発見で思い出です
139 好きな人が読んでいた本、素敵な思い出です
141 居場所だった図書室で、最後に出会った本
143 江戸川乱歩、ではないのなら…
145 お父様の思い出は、記憶を題材とした一冊でした
147 心細いときにそばにいた本、覚えていますか？

番外編 本じゃなかった！

151 ミステリーかも。とのことですが…
153 詩集では見つからなかったようで…？

155 おわりに

書庫1
みんなが探してる!

たくさんの方が探している一冊は、

それだけ印象的な物語。

一見、繋がりのないあの記憶とこの記憶も、

開いてみればおんなじ本。

本の中のどの部分が心に残っているのか、

人それぞれの違いもお楽しみください。

Q おじいさんと、黒猫と パンとミルク

吹雪の夜、
おじいさんが
黒猫を家に招き入れ、
残り少ない
パンとミルクを
与えていました

おじいさんが
月1回か年1回の
ごちそうとして、
お肉とミルクを
用意する

クリスマスの夜
だったと思います。
翌朝黒猫は
いなくなって
いました

黒猫を探し回った
おじいさんが
家に帰ると、
パンやミルクは
元の倍の量に
なっていた

A

黒ねこのおきゃくさま

読み聞かせなどで出会った絵本は、物語は覚えていても、その入り口の記憶は残りにくいようですね。猫の挿絵もちょっとふてぶてしくて愛らしい一冊です。

『黒ねこのおきゃくさま』
福音館書店（1999年）
ルース・エインズワース 作
荒 このみ 訳
山内ふじ江 絵

Q 国民はみんな、石か氷に…?

母国でなにかあって
国自体が
氷漬けになって、
それをなんとか
するために
宝石を集める
女の子の話

国民たちを
石にされてしまった
アラビア風の
衣装の姫が、
願いをかなえる
七つの石を
見つけるために
旅をするお話です

主人公と
結婚することになる
男の子ですが、
たしかドラゴンだった
ような気がします

A

シェーラ姫の冒険

児童文学の巨匠、村山早紀先生に関するあやふや記憶はよく届き、実際に過去行った集計では、登場回数が2番目に多い先生となりました。その中でもひときわ多く寄せられるのが本書となります。

『シェーラ姫の冒険 愛蔵版』
童心社（2019年）
村山早紀 著

Q 子どもが作った工場の実態は…？

アメリカかどこかの
子どもたちが、
歯磨き粉の
製造会社を
作る小説です

手作りの
株式を発行し、
工場を借りて
テレビCMを
打ったりしていた

工場長が
識別のために
子どもの頭を
ペンキで塗っていて、
主人公は
オレンジ色のペンキで
塗られました

工場の労働環境は
劣悪で
死人が出ています

A

歯みがきつくって億万長者
― やさしくわかる経済の話

寄せられる内容のハードさに反し、表紙は可愛らしい印象の一冊です。もし書店で見つけても「まさかこの本があの話ではないだろう」と思ってしまい、再会が難しいのかもしれません。

『歯みがきつくって億万長者
― やさしくわかる経済の話』
偕成社（1997年）
ジーン・メリル 作
岡本さゆり 訳
平野恵理子 絵

Q 記憶と過去の、不思議な短編集です

「時間」や
「過去の記憶」が
テーマの児童向け文学

骨董品?
アンティーク?
とりあえず
古い品物1個につき、
1つのストーリーが
書かれている、
短編集のような作品

品物を扱っている
店主が、
客に品物についての
ストーリーを
話してあげる、
みたいな設定
だった気がします

タイトルが
「本の国から来た男」
だと
思っていたのですが、
検索しても
出てきません

お店で鍵付き小物
入れを買った客が
家でピッキングして
みると、小物入れ
から髪の毛の束が
出てきました

A

不思議を売る男

あやふや文庫が始まった頃、頻繁に届いたのがこの本に関する記憶でした。最近はほとんど届かなくなったことも印象的で、誰かのあやふや記憶越しに再会を果たせた人もいるのかもしれませんね。

『不思議を売る男』

偕成社（1998年）
ジェラルディン・マコックラン 著
金原瑞人 訳
佐竹美保 絵

Q 生まれ変わりの果てにあるのは？

鳥になって、
犬（猫だったかもしれない）
になって、
人間の女の子になる

何度目かの転生で
犬になった際に、
「唐辛子入りの首輪が
ピリピリして痛かった
けど、なぜかやめては
いけないような気がして
吠え続けた」という
シーンがありました

続編の題名が
『僕の自転車返して』
みたいな感じ

A

ぼくがぼくになるまで

「犬」と「生まれ変わり」で調べると、名作映画にあたってしまうところが検索難度を上げていますね。気になる続編は『きみときみの自転車』でした。自転車が盗まれるお話なので、内容はほとんど正解です。

『ぼくがぼくになるまで』

Gakken（2005年）
沢村 凜 作
岩崎つばさ 絵

Q 主人公が行った異世界は果たして？

主人公が異世界に
来てしまい、
不思議な植物を
見つけます

植物に
たくさんの人が
繋がれていて、
彼らは眠っている
ように見えるが、
実は幸せな夢を
見続けている

眠っている人々は
人間の形を
していたり、身体が
あいまいになり
どんぐりのような
姿になったり
していました

人間大で宙に浮いた
卵のような
フォルムで
人語を理解する
生物たちがいます

東南アジアの
どこかが舞台

実は主人公の
祖父も戦時中に
同じ世界へ
迷い込んでいた

A

たったひとりの伝説

異世界ものが人気の昨今ですが、本書での「異世界」は、祖父が戦争中に体験し、手帳に記した空間のことを指すようです。その他にも要素が多く、覚えている箇所が人により異なるのも印象的です。

『たったひとりの伝説』
理論社（1995年）
斉藤 洋 作
荒井良二 絵

※発行元より「書店在庫なし」を確認した作品です。恐れ入りますが、図書館等でお探しいただけますと幸いです。

Q ご飯にまつわる描写がキーとなるようです

イチゴジャムか
梅ジャムを食べている
女の子がいました

母親が
健康に気遣って
ご飯を
用意していたけど、
子どもたちは
それを全部捨てて
思い思いの
ものを食べる

ご飯が捨てられた穴を
「満足そう(?)な胃袋」
と表現していたのが
印象に残っています

A

つめたいよるに「子供たちの晩餐」

本書は愛犬との別れを描いた名作「デューク」などで知られる短編集で、デュークや他の短編に関してもあやふや記憶が寄せられています。ですが、その中でもこの短編が頻出しているのは、国語の試験に使用されたからのようです。

『つめたいよるに
「子供たちの晩餐」』
新潮文庫（1996年）
江國香織 著

A

たったひとりの伝説

異世界ものが人気の昨今ですが、本書での「異世界」は、祖父が戦争中に体験し、手帳に記した空間のことを指すようです。その他にも要素が多く、覚えている箇所が人により異なるのも印象的です。

『たったひとりの伝説』

理論社（1995年）
斉藤 洋 作
荒井良二 絵

※発行元より「書店在庫なし」を確認した作品です。恐れ入りますが、図書館等でお探しいただけますと幸いです。

Q 天才ハッカーが活躍する未来都市SF…？

主人公の少年は
ハッカーの
才能があり、
国の重要な情報を
ハックしてしまう

近未来が舞台で、
遺伝子情報が
重要な個人情報に
なっています

子どもが
生まれた場合
マイクロチップを
埋め込むことに
なっている

主人公は
スラム街に住んでおり、
たくさんの
クッションを
下に敷いて寝ています

たしか、
海外の方が
書かれた小説です

A

2099恐怖の年

全世界がコンピューターに管理された2099年に「終末の日」というウイルスが登場し…という物語のようです。シリーズ本ということもあり、記憶にある方も多いようでした。

『2099恐怖の年』

偕成社（2003年）

ジョン・ピール 著

唐澤則幸 訳

書庫2
“あの作品”を探してる！

この記憶はもしかして、

有名なあの作品？とすぐにピンとくるものから、

この作品の、まさかこの部分を覚えているなんて！

といった新鮮な記憶まで。

後半には著者の方々の「お墨付き」もございます。

Q

本当に4000年後、でしょうか…？

4000年後くらいの未来の話で、国の偉い人が、国民から「語彙力」を奪っていきます。

A

一九八四年〔新訳版〕

約40年後のはずの時代設定が4000年後と、かなりダイナミックに変わっており、特定要素も多くないので本当によく見つかったなあと思う一冊です。今回の書籍で扱わせていただいた中でも、最難関かもしれません。

『一九八四年〔新訳版〕』
早川書房（2009年）
ジョージ・オーウェル 著

Q この特徴的な表現は、もしかして…？

「地獄で苦しんでいたら、目の前に蜘蛛の糸が垂れてきて、それを必死に登って行っても最終的に途中で切られて、お釈迦様にエンターテイメントを提供するだけ」というセリフしか覚えていません。舞台設定と『蜘蛛の糸』のたとえが矛盾しているような印象もあります。江戸時代なのに、近代小説が出てくるような…。

A

四畳半神話大系

設定や描写も特徴的な一冊ですが、その中でもこの一節が残っているというのが面白いです。本書には他にも印象的な表現が多いので、読者それぞれに気になる一文が残っているかもしれませんね。

『四畳半神話大系』
角川文庫／
KADOKAWA（2008年）
森見登美彦 著

Q 昆虫×誘拐は大きな手がかりかもしれません

中学時代に読んだ本を探しています。
ある女性が女の子を誘拐して逃げる話で、
なんで誘拐したのか、
なにから逃げているのかも覚えてないのですが、
たしか昆虫の名前が入っている
短い題名だったと思います。

A

八日目の蝉

一見、かなり重要な要素が含まれているため検索でもすぐに見つかりそうですが、「昆虫 誘拐 本」で調べると昆虫の生態の本に行きつくようです。ただ、昆虫＝セミとわかってしまえば…？

『八日目の蝉』

中央公論新社（2011年）
角田光代 著

Q 飛び降りたのは、父か、息子か？

小学校か中学の頃の教科書にあった作品です。覚えているのは、

- 父と小学生くらいの息子の話で、息子視点のお話
- 息子はデパートの屋上の遊園地から地上の雑踏を眺めている
- もしくは父親の方がデパートの屋上から飛び降りた気もする…
- お父さんが人間ではないなにかだったり、そのせいで実験されたりしていた？

というお話です。

A

棒

いろいろな要素が入れ替わったり、ちょっと違っているもの、並べてみるとなんとなくあらすじが追えているように思えます。教科書にあったとのことで、似たような記憶の方は多いかもしれませんね。

教科書掲載作品

『棒』

阿部公房 著

Q

一見、バラバラの事象ですが…どれも特徴的で？

非常に断片的なのですが、以下の描写のある小説を探しています。

- 群像劇
- 章ごとに異なる人物の視点で進む
- 子役、人質、水筒にカルピス、下剤がキーワード
- 終盤で正体がわかる爬虫類のペット（イグアナ？）
- 記者がいる？

というお話です。

A

ドミノ

たまたま近くに居合わせた
人々の行動が連鎖してうねり
となる…といったユニークな
作品ですが、そのぶん個別に
事象を並べると、まるで関係が
なく。なかなかジャンルの絞り
込みも難しいですね。

『ドミノ』
角川文庫／
KADOKAWA（2004年）
恩田 陸 著

Q 怖い話のあらすじにも見えますが…

カテゴリーは小説で、多分ソフトカバーです。
父、息子と、押し入れに住む幽霊の母の三人暮らしで、
児童館に夜に行くと、非常口のピクトグラムの頭の部分が
幽霊たちのサッカーボールにされていました。
ただ、児童館の部分は確定ですが、
三人暮らしの部分は別の本かもしれません…。

A

きつねのつき

本当は主人公と娘、天井に張りつく母…と、家族構成はやや違うものの、ピクトグラムや押し入れへの言及がキーとなったようです。文面ではホラーに見えますが、泣ける「送り迎えSF」です。

『きつねのつき』
河出書房新社（2011年）
北野勇作 著

作者のお墨付き
ありがとう
ございます
by 北野勇作

Q この記憶だけでも魅力的なあらすじですね

主人公（男）が駅で恋人（女）と喧嘩別れしてしまい、
そのあと主人公が乗った電車が衝撃と共に
（多分）8年後にタイムワープしてしまうお話です。
たしか主人公の恋人は難病を患っていて、
主人公が飛んだ先の未来では生きておらず、
でもその世界には難病の治療法は存在していたので
自分の恋人を助けるために過去に戻ろうと奔走します。

A

今夜F時、二人の君がいる駅へ。

電車でタイムワープ、というところがユニークで、主人公たちは作中当時はできてなかった未来の高輪ゲートウェイ駅に飛ばされてしまいます。近年のワープらしい時事性もいいですね。

『今夜F時、
二人の君がいる駅へ。』
メディアワークス文庫／
KADOKAWA（2020年）
吉月 生 著

作者のお墨付き
めっちゃあらすじ
覚えてくれているのが
嬉しい！
by 吉月 生

Q かわいい話かと思いきや…?

小さな女の子と泡(たち)がメインのお話。
女の子がところてん用の器具で
泡を殴るシーンがあります。
女の子が殴った理由は、泡(たち)が
ところてんを作るのを面白がり、
「もう1回、もう1回」と
ねだったのがうざかったからでした。

A

ブクブクアワー

私も好きな作品でしたが、言葉にしてみると、よりシュールさが際立ちますね。トレインチャンネルや交通広告でもよく見かけられた作品なので、イラストを見るとピンとくる方はとても多そうです。

『ブクブクアワー』
KADOKAWA（2009年）
ヨシヤス 著

作者のお墨付き

ボクだと思います。
殴られたんじゃなくて、
ところてん砲で
ズドーンされました
by ヨシヤス

Q 喫茶店に空襲、怪盗…要素が盛りだくさんですね

小学生の女の子が主人公で、その子はお小遣いで通うには少し高めの喫茶店に通っています。

- 喫茶店のマスターは女性で、女の子に紅茶を振る舞ったりする
- 主人公は話の中で、幽体離脱（？）をして空襲（？）を受けている空を、着物を着た女の子と一緒に飛ぶ
- 怪盗が出てくる（うろ覚え）

A

人魚亭夢物語

こちらもあやふや文庫でおなじみの村山早紀さんの著書です。記憶の通り、街に怪盗が登場したり、素敵な喫茶店に通ったり。幼い日の「憧れ」がギュッと詰まった一冊でした。

『人魚亭夢物語』
小峰書店（1999年）
村山早紀 著

作者のお墨付き
ありがとうございます。
多分そうですね
by 村山早紀

Q 卵の殻を食べる、大きな手がかりになりそうです。

短編集の中のひとつです。夫婦の物語で、夫目線だったように思います。

- 妻がなにかをきっかけに、ボウルいっぱいの卵の殻を食べ始める
- 猟奇的な雰囲気ではなく、あくまでも前向きな感情で食べている
- 妻は次第に布団で寝たきりになるようになる
- ついに布団の中で大きな卵になってしまい、夫は卵が孵るのを待つことを決意して終わり

A

社員たち「妻の誕生」

あることを目的に、妻は卵の殻を食べる…といった、少し不思議な世界観の短編です。妻はどうして殻を食べていて、そして気になる結末はどうだったのか、ぜひ読んでいただきたいです。

『社員たち「妻の誕生」』
河出書房新社（2013年）
北野勇作 著

作者のお墨付き

結末がちょっと違いますが、
それはたぶん記憶違いでしょう。
ボウル一杯の卵の殻を食べるのは、
間違いなく「妻の誕生」ですね。
そんな変なシーンは
たぶん他にないと思う
by 北野勇作

書庫3
変な記憶を探してる！

これぞ、「あやふや文庫」と言える、

あいまいで、おもしろくて、印象的な記憶たち。

「なるほど、そういう間違え方…」

「その記憶はたしかに残りそう…」

「そこまで来てたら、惜しい！」

と思えるような、王道の書庫をお楽しみください。

Q　サーカス？　バザール？　響きは似ていますが…

児童書です。頭の片隅に残っているのが、

- 『風のサーカス』とか『風のバザール』とかそんな感じのタイトル（かすってすらないかも）
- ネズミだかキツネだかの女性キャラ（記憶では中性的な立ち振る舞い）が、盗賊？のような職業で、なにか乗り物に乗って旅をしていた？
- 弟分か子分か、そのような存在もいた気がする
- 記憶がある表紙は水色の背景に主人公が座っている絵

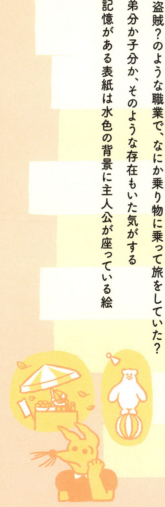

A

波のパラダイス

正解を見ると、なんとも惜しいタイトル群ですね。仕事は海の特急貨物便の配達員でした。2022年に新装版が出ており、こちらはご依頼主様の記憶にある表紙からイラストが一新されております。

『波のパラダイス』
偕成社（2022年）
竹下文子 作
鈴木まもる 絵

Q だんだん様子が変わってしまう親友と…

4、5年前に図書館で読んだ小説です。主人公は女の子です。主人公には親友の女の子がいますが、その親友がだんだんと変な行動をとるようになっていきます。周りのクラスメイトからも距離を置かれ、彼女自身も学校を休みがちになっていったように思います(ここは少し自信ないです)。日に日に変な言葉を言ったり、おかしな行動をとることが増えていき、ラストシーンでは主人公に「緑の猫になりたい」(間違っているかもしれません)みたいな言葉を繰り返し言うようになり、その辺でお話は終わります。本のタイトルも緑の○○みたいな感じだったかと思います。

A

いつか記憶からこぼれおちるとしても「緑の猫」

おかしなことを言うようになった親友が学校にも来なくなり…という物語ですが、無二の親友が徐々に損なわれていくじっとりとした悲しさは、どうしてか記憶にある人も多いかもしれませんね。

『いつか記憶からこぼれおちるとしても「緑の猫」』
朝日新聞出版（2005年）
江國香織 著

Q アガサ・クリスティかと思いきや…？

10年前に読んだ『ABC殺人事件』みたいなタイトルの日本の小説を探しています。

表紙は白っぽい色をベースに、アルファベットが書かれていたと思います。

大人向け小説を読み始めたばかりの時期で、海外小説を読むのが苦手だった頃なので、本家本元（？）のものとは違うと思っています。

昔から探しているのですが、アガサ・クリスティの本家（？）しか見つからないのでお願いしました。

A

ABCDEFG殺人事件

アガサ・クリスティさんだけでなく赤川次郎さんも『ABCD殺人事件』を書いており、検索は難しそうですね。「Aは安楽椅子のA」と章題がアルファベットに由来する本書ですが、H～Wを扱う続編も出ています。

『ABCDEFG殺人事件』
理論社（2008年）
鯨 統一郎 著

※発行元より「書店在庫なし」を確認した作品です。恐れ入りますが、図書館等でお探しいただけますと幸いです。

Q 揺れる影の正体は?

10年以上前に読んだ、たぶん純文学だったと思います。
自殺願望のある男が主人公で、
自分の影が踊り狂っているのを見て、
俺はやっぱり狂人なんだと考えますが、
振り返るとそこには風に揺れる提灯の火があり、
影は揺れる火に合わせてうごめいていた、
というようなシーンがありました。

A

歯車
「赤光」

本書は芥川の遺稿として知られます。自死に至るまでの精神描写や幻覚などが描かれており、影を揺らした赤い光は「色硝子のランタアン（ランタン）」によるものとされていますが、どこまでが現実だったのでしょうか。

青空文庫
掲載作品

『歯車
「赤光」』
芥川龍之介

Q 名前がわかれば見つかりそうなものですが…

「スプリングフラワータウン」みたいな名前の新興住宅地が出てくる小説を探しています。ここ10年ぐらいの作品だと思います。主人公は若い女性で、結婚してその住宅地に住んでいる、みたいな話だったと思います。ネタバレ要素もあるので情報出しが難しく、ネタバレしない範囲ではこの程度のことしか覚えていません。

スプリングフラワータウンというのは結婚してその町に住む主人公の名前（春花）からつけた名前で、主人公の父親があこぎなことをして一帯の畑を買い占めて作った住宅地だったと思います。

A

豆の上で眠る

スプリングフラワー「シティ」でした。ものすごく惜しい…！少し違うだけで急に検索にかからなくなりますが、読んだことがある人にとっては…？とても「あやふや文庫」らしい記憶と発見でした。

『豆の上で眠る』

新潮文庫（2017年）
湊かなえ 著

Q ヤギか羊かのようですが…一体？

10年ほど前に図書館で借りた本です。ボーイスカウト？か
学校行事でキャンプに行っているところから始まり、
虐《いじ》められている主人公と、同じく虐められているヒロインが
キャンプを抜け出したようなお話でした。
ヒロインの女の子が生理になって、
主人公が生理用品を買いに行く描写がありました。
たぶん海外のもので、
タイトルに「羊」か「ゴート」が入っていたと思います。

A

ヤギゲーム

原題は『THE GOATS』。日本では『森に消える道』として出版の後、版を改めるタイミングで本題となったようです。訳者あとがきになぜ「ヤギ」ゲームなのかの説明があり、こちらも必見です。

『ヤギゲーム』

徳間書店（2002年）

ブロック・コール 著

※発行元より「書店在庫なし」を確認した作品です。恐れ入りますが、図書館等でお探しいただけますと幸いです。

Q 「3」が出てくる絵本はいくつかありそうですが…

綺麗な絵本でした。なんでも知りたがる女の子が主人公で、ダメと言われているのに父親の部屋が気になって鍵を開けてしまうなど、困った性格だと描写されていました。

最終的に王子様と結婚するのですが、結婚式で初めてお披露目する木（宝石などがついてたような…）が気になり式の直前に見てしまいます。

お話の中で「3」がキーワードになっていた気がします。

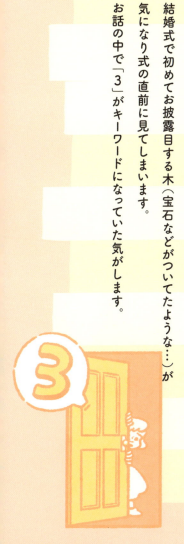

A

みっつの やくそく

3つの約束のうち、2つを破ってしまった少女が最後のひとつの約束を守れるか…というフランスの童話でした。『灰色のねずみ』という邦題でも出版されていたようで、こちらでピンとくる方もいるのでは?

『みっつの やくそく』
世界文化社(2009年)
セギュール夫人 著

Q なんでも半分、最後に半分になるものは？

短編の、少し怖い話です。
なんでも割り勘したり、
物を半分に分けることが好きな
夫婦 or カップルが、別れる際に
体ごと真っ二つにして相手に送り返す？
話だったと思います。

A

よもつひらさか「ハーフ・アンド・ハーフ」

ある「理由」で結婚していたものの、離婚に至った夫婦。妻は6匹の金魚は3匹に、絵画は鋸で半分に…とすべてを半分にしていきますが…。結婚の理由とは何で、最後に半分になったものは何でしょう?

『よもつひらさか「ハーフ・アンド・ハーフ」』
集英社文庫（2002年）
今邑 彩 著

Q このあと、結局どうするんだっけ…?

贈り物をもらって、白い薄紙の包みの下に中身の色(緑色?)が透けて見える…というところまでは覚えているのですが、このあとの行動が他の作品と混ざってしまってどちらかわかりません。

1 我慢できずびりびり破いて開封するが、望む品物でなかったのでがっかりする
2 慎重にそっと開く

おそらく10年以上前に読んだ本だと思います。本だったか国語の教科書や道徳の教科書だったかも。あやふやですが…。

A

五月のはじめ、日曜日の朝

こちらは物語の冒頭部でした。この答え自体は「1」なのですが、主人公が望む品物ではなくがっかり、いやもっと言えば寂しい思いをするのには、実はとっても悲しい理由があり…。ぜひ、読んでみてください。

『五月のはじめ、日曜日の朝』
岩崎書店（1997年）
石井睦美 著

2024 summer **飛鳥新社のベストセラー**

変な家

シリーズ累計250万部突破!!

2024年上半期ベストセラー 第1位

「変な家・変な家2」トーハン 総合 第1位

「変な家2」日販 総合 第1位

「変な家 文庫版」トーハン 文庫 第1位 日販 文庫 第1位

雨《う》穴《けつ》［著］

総合&文庫2冠!!

978-4-86410-845-4／1,400円

978-4-86410-993-2／770円

978-4-86410-982-6／1,650円

※トーハン・日販調べ 2023年11月22日〜2024年5月20日

プロだけが知っている 小説の書き方

ロングセラー5.5万部

森沢明夫［著］

978-4-86410-915-4／1,430円

ベストセラー作家が「絶対上手くなる」テクニックを初公開！実際にデビューした人もいます！「具体的で実践しやすい」と反響続々。ラノベ・マンガ・脚本にも対応した超解説！

『おやすみ、ロジャー』シリーズ累計135万部

＼たった10分で、寝かしつけ！／

テレビでも多数紹介！ 日本ギフト大賞も受賞！

おやすみ、ロジャー

世界的ベストセラー！プレゼントの定番です

三橋美穂［監訳］

978-4-86410-444-9

おやすみ、ケニー

第3弾はトラクター！みんな大好き乗り物が主人公

三橋美穂［監訳］

978-4-86410-979-6

心理学的効果により読むだけでお子さまが眠ります

各1,426円

カール＝ヨハン・エリーン［著］

おやすみ、ロジャー 朗読CDブック

大人気声優の声でぐっすり！

水樹奈々 中村悠一［朗読］

978-4-86410-515-6

おやすみ、エレン

第2弾はゾウさんかわいいイラストが人気

三橋美穂［監訳］

978-4-86410-555-2

だいじょうぶだよ、モリス

子どもの不安が消える絵本

中田敦彦［訳］

978-4-86410-666-5

Q
心に残るみそひともじ…詩歌の捜索はやや難しいですね

この2～3年で、X（旧Twitter）で
バズっていた詩集を探しています。
本のページの写真が載せられているツイートで、
たしか「君が旅に出るなら僕は出ない」みたいな
詩だったと思うのですが、検索しても出てきません。

A

足の踏み場、象の墓場

あの馬鹿が旅に出るならぼくたちは
旅には出ない出ないなら出る

このところは、SNSでも素敵な文章に頻繁に出会えるようになりました。一方、再会はなかなか難しく…。そんなわけで、私も気になった詩集はすぐに購入しています。

自費出版
掲載作品

『足の踏み場、象の墓場』
我妻俊樹 著

Q たしかに星新一さんにも思えますが、真相はいかに…!?

40年ほど前に読んだと記憶している本です。
主人公はお母さんだと思います。
その子どもが小学生なのですが、忘れ物ばかりしています。
いつか大切なものを忘れるような気がして、お母さんは心配です。
ある日、子どもが学校から帰ってきたようで、玄関で音がします。
ただいま、と言う声が聞こえましたが、姿が見えません。
お母さんがたずねると、「体を忘れてきちゃったの」と答えます。
交通事故にあった、というゾクッとする話です。
星新一さんのショートショートだと思うのですが…。

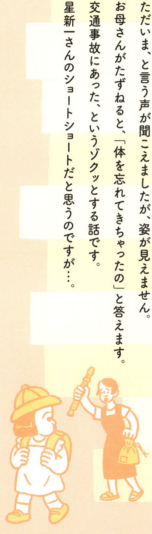

未解決

?

ゾッとしました。たしかにショート・ショートの巨匠、星新一さんらしい雰囲気はありますが…。一番怖いのは、こんな物語はなかった、という終わり方なので、ぜひ見つけたら教えてください。

書庫4
忘れられないフレーズを探してる！

まるでなにかの呪文のような言葉や、
深く胸に刺さる印象的な一節など、
本で出会った言葉は、
その後も人生にずっと残ります。
誰かの忘れられないひとひらと、
あなたも出会ってみませんか。

Q 効果音はユニークですが…

子どもの頃に読んだ絵本を探しています。地面から黄色い大きな手が出てきて、通行人を地面の中に引きずり込んでいく内容です。こう言うとホラーみたいですが、子ども心にもそんな怖い印象はなく、引きずり込むときに、

にゅーっぱー

という効果音があったような気がします。

A

にゅーっ する する する

地面から「にゅーっ」と出てきた手が、いろんなものを「する する する」と土の中へ引き込んでいく…という絵本です。人間だってその手からは逃れられません。大人が見るとこれ、怖いです。

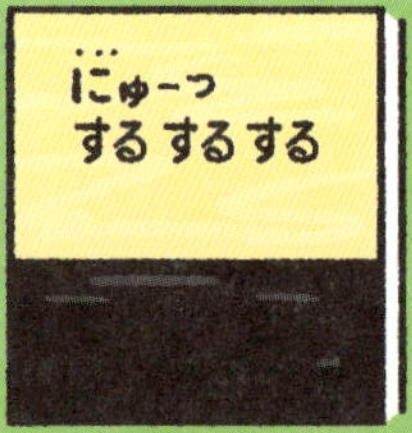

『にゅーっ する する する』
福音館書店（1989年）
長 新太 作

Q 猫にまつわる謎の呪文？

たぶん海外の作品で、児童書を探しております。
人間になった元猫の女性が主人公で、
屋根裏かなにかに住んでいた？　と思います。

ニャオニャオソング、ハナハナキッス

という単語を覚えています。そのうち猫の言葉が
わからなくなっていくだろうという内容の地の文がありました。
屋根などに猫がたくさん並んでいる表紙でした。

A

ネコのミヌース

「鼻鼻キッス」は、喧嘩をしていない猫同士の挨拶で、作中では握手や名刺交換のようにサラリと行われます。「さあ、鼻鼻キッスしよう」なんて表現も、いつしか見慣れてしまうから不思議です。

『ネコのミヌース』
徳間書店（2000年）
アニー・M.G.シュミット 著

Q

きっと、あなたにも経験があるのでは？

10年ほど前に中学入試の過去問で見た文章です。

「明日も本の続きを読むために
生きていこうと思える」

みたいな文章が印象的でした。
小説ではなく説明文（評論かなにか）だと思います。

A

スロウハイツの神様

同じような感覚を抱いたことのある人は多いかもしれませんね。私にとってはまさしく辻村先生の本がそうで、本作の環にとってのチヨダ・コーキが先生でした。先生の本に支えられて無事、私も大人になりました。

『スロウハイツの神様』
講談社（2010年）
辻村深月 著

Q 寝かしつけ用の絵本でしょうか？

絵本を探しています。
女の子がいろいろな動物の眠り方を体験？ 想像？ していくお話で、
キリンのように立って眠ったり、猫と龍の中で丸くなって
眠ったりする絵がありました。
「ねむたくなった」という一筋があった気がします。

A

ねむたくなった

少女がさまざまな動物と同じ姿勢で寝ていく話で、こうもりのように逆さまになったり、鳥の巣で寝てみたり。何度も夢現《ゆめうつつ》で聞いた寝かしつけ絵本は、あやふやな記憶になりそうな気がしますね。

『ねむたくなった』
あかね書房（1991年）
ジェーン・R.ハワード 著

Q 回答速度はイントロクイズばりでした

そうかつまり君はそういうやつなんだ

とか言うセリフの本です。
国語の教科書にありました。
たしか虫かなんかを破壊していた気がします。

A

少年の日の思い出

これは百人一首でいうところの「決まり字」ならぬ「決まり記憶」かもしれません。ほかにも「その声」ときたら『山月記』、「かぷかぷ」ときたら『やまなし』…でしょうか。教科書は世代を超えますね。

『少年の日の思い出』
草思社（2016年）
ヘルマン・ヘッセ 著

Q あかんぼは何を知らないのでしょう

詩を探しています。

「あかんぼは知らない」

という一文が繰り返しうたわれ、

「あかんぼは知らない…(中略)…父と母がどんなに
涙を流したかなんて」というような一節がありました。

A

韓国現代詩選「銀の箸と匙」

韓国詩ということで捜索も難航し、確認も国立国会図書館でやっと…！ 暮らしは困窮していても、あかんぼうは悪びれず、これから笑って末長く生きていかなくちゃ、という力強い一作です。

『韓国現代詩選「銀の箸と匙」』
花神社（1990年）
黄明杰 著

Q 本書の名前も書けません

2～3年前の新聞広告に載っていた本です。
短編集らしく、
「**アルパカからアルをとったら**」
というような文が印象に残っていて、それ以外はわかりません。
どの話も多分、動物に関連している本みたいで、
他の動物も右記のように謎掛け？のような文があるようです。

A

残像に口紅を

こちらは章が進むごとに、使える文字が減っていく作品です。意外なことに7文字しか残らなくなっても、ギリギリ文意が成立しています。と、いうことで今回は該当の2文字を取って書いてみました。

『残像に口紅を』
中央公論新社（1995年）
筒井康隆 著

Q 不思議な問いかけを探しています

男の子（主人公）と女の子のやりとりで、男の子が女の子に

「月と太陽どっちが好き？」

というような答えにくい質問をして、女の子が

「太陽の方が好き。理由は月よりも明るいから」

のように、はっきりと答える。

男の子は自分に優柔不断なところがあることを自覚していて、

この人とはわかり合えないな、と最後に思う。

「自分のはっきりしない性格を女の子に説明しようと例え話をしたが、まったくわかってもらえなかった」

というようなニュアンスのやりとりでした。

A

光ってみえるもの、あれは

「太陽と月」が見つからず、編集者さんに泣きついたところ「山と海」という表現での問答を発見していただきました。読めば、納得…。これを語る水絵が魅力的で、私もすっかり呑まれてしまっていました。

『光ってみえるもの、あれは』
中央公論新社（2006年）
川上弘美 著

Q 特徴的な笑い声に、エンピツの入ったシチュー！

西洋のおばけが出てくるお話。
使用人を募集しているお屋敷に男が来て、働く条件として
「エンピツの入ったシチューが食べたい」と言う。
お屋敷の女主人？が「うちは羽根ペンしか使わないからエンピツがない」と
答えると、「エンピツの形に削った木が入っていればいい」と
言って、エンピツ（の形に削った木）が入ったシチューを
おいしそうにぼりぼり食べる。
「ブレケケケケケ、ケス！」
と笑う登場人物がいたかもしれない。

A

おばけとかっぱ

あやふや文庫にはたまに、不思議な夢のような記憶も届きます。このあやふや記憶も一見夢のようですが、かなり記憶はたしかで、木の枝を使った鉛筆シチューも存在し、笑い声はさらにユニークです。

『おばけとかっぱ』
福音館書店（1979年）
ヨゼフ・ラダ さく・え
岡野 裕、内田莉莎子 やく

Q 少女と相手は一体どんな関係なんでしょう

幼い少女の

「お前が死んだら
お前の墓の前で歌いながら
バースデーケーキを食ってやる!」

みたいな感じのセリフがあったことだけ覚えています。
恐らくですが海外の作品だったと思います。

未解決

?

妙に印象的なフレーズで気になっています。ご本人も海外作品ではないか…とおっしゃっていますが、そんな予感がしますね。たまに書籍じゃないこともあるので、実は海外ドラマ…だったり？

Q 奥歯をこじ開け…どうやって？

中、高校生くらいの時に読んだ古めの本。
小説だったか、漫画だったかもあやふやです。
「奥歯をこじ開けて薬を取り出し…」
という一文があったのを強く覚えていました。
なにかの比喩表現なのか、
実際に「こじ開ける」ならどういう状況だったのか、
最近になって急に気になりだしたのですが、
肝心な物語の内容や本のタイトルが思い出せず、
検索をしてもヒットしません。

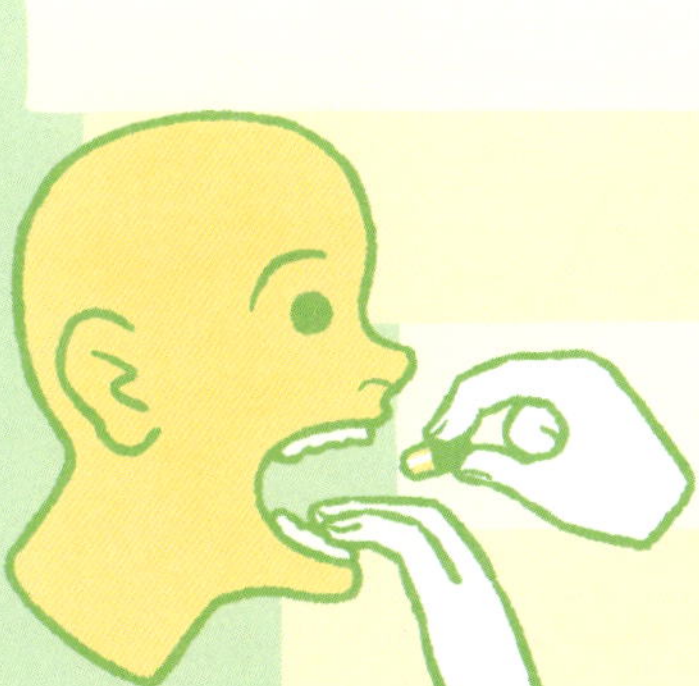

未解決

?

こちらもまだ気になっています。詰め物を外すのか、歯間から取り出すのか、あるいは本当に…。薬というと溶けてしまいそうなので、梱包されているのでしょうか、本当に気になります。

書庫5

おいしい記憶を探してる!

忘れられない描写のひとつとして、
たくさんの投稿のなかにあった
「おいしい記憶」。
なかには内容そっちのけで、
食べ物のシーンしか覚えていないという方も。
思い出の味は、物語の中にも。

Q 手に入らなかったものほど、おいしそうに見えますね

お寿司屋さんでトロを頼んだ男の子が、
お金が足りずに一貫も食べられず…。
食べられなかったお寿司は
板前さんが食べてしまうのですが、
その描写がとてもおいしそうに書かれていました。

A

小僧の神様

作者が「小説の神様」の異名をとるきっかけになった本作。実際に読んでみると、トロそのものへの描写はあまりありませんでした。ただ、前後に鮨《すし》を食べるまでや、通による鮨の食べ方が描かれているためか、手に入らない鮨がとっても印象に残ります。

『小僧の神様』
岩波書店（2002年）
志賀直哉 著

Q 続々届く、鮨作品！

食の細い男の子が、お母さんに目の前でお寿司を作ってもらって食べている内容で、イカのお寿司を「モチより歯切れが良い」と表現していたと思います。

あやふやなんですが、お母さんが「ほうら、おいしいお寿司だよ」と言う場面と、男の子が「ひ、ひ」と笑う場面があったと思います。

A

ちくま日本文学037
「鮨」

食事、とくに魚や肉を苦手とする子のために、母親が目の前で鮨を握って与える場面でした。主人公が生まれて初めてイカを食べるこちらのくだりは、食事の歓びと母親の愛に溢れ、たしかに記憶に残ります。

『ちくま日本文学037
岡本かの子「鮨」』

筑摩書房（2009年）
岡本かの子 著

Q 今度はイカの煮物の登場です

中学か高校の現代文の教科書、もしくは教科書に出てきました。舞台は戦争直後。主人公の少年はアルマイトの弁当箱に「麦飯のおむすび」「イカを炊いた(煮た)おかず」という、当時としては豪華なお弁当を母に持たされていました。隣に座る友人は貧しく、弁当すら持っていません。主人公が意を決して自分の弁当をすすめると、友人が素直におむすびもおかずも半分ずつ食べ、主人公もそれに満足するという話でした。

A

山川方夫珠玉選集〈上〉「煙突」

お弁当の「半分こ」がお決まりになり、二人での昼食の時にだけ親密な会話を交わすようになっても、彼らはそのことを表には出しません。そんなある種、秘密の関係に欠かせないお弁当でした。

『山川方夫珠玉選集〈上〉「煙突」』

冬樹社（1972年）
山川方夫 著

Q おいしい描写が盛りだくさん!といえば…?

主人公は女性で、文体はエッセイ。時代は戦時中の日本で、父、母、弟、妹がいる。主人公はシュークリーム(シュークレアム)を食べるのに憧れがあった。空襲で家族離れ離れになるが、家族と無事に再会。弟と妹は家族がみんな死んだと思い、渡されていた乾パンを全部食べてしまったと泣きながら謝る。次に空襲がきたらどうなるかわからない、最後はごちそうにしよう!と父がうなぎを焼いて家族で食べるが、家の隣が病院なので魚を焼く匂いは不謹慎かもしれない…と言う主人公。お腹いっぱいになり、家族で「打ち上げられたマグロのように」横になり寝転ぶ。「打ち上げられたマグロのように」という一文が強烈に印象に残っています。

A

父の詫び状「ごはん」

「打ち上げられたマグロ」は、作中とは少しだけ表現が異なっていました。それは「その情景を文章越しに想起させられた」からこそなのでしょう。本書の食べ物も、何年後かに思い出してしまいそうです。

『父の詫び状「ごはん」』
文藝春秋（1981年）
向田邦子 著

Q 命懸けのスリルのあとは、ひと際おいしい食事になりそうです

マフィアかなにかの組織に追われた男が森（山？）の中まで逃げていくと、一軒家に住むおじいさんと出会います。そのおじいさんが家の外の車庫？　倉庫？　のようなところで、男にじゃがいもの蒸《ふ》かしたものや焼いたベーコンを振る舞ってくれます。その食べ物の描写がすごく鮮明でおいしそうでした。

作品名を忘れてしまったのですが、食べ物の描写がおいしそうなハードボイルド系の話ということで、ずっと記憶に残っていて気になっています。

A

セント・メリーのリボン
「焚火」

むっちりと肥《ふと》ったジャガイモに、ほの甘い栗入りの焼きおむすび…。恐ろしいことに該当部分以外に関しても、本作のごはんの描写はどれも本当においしそうで…今晩の夕飯が決まりました。

『セント・メリーのリボン
「焚火」』
光文社（2018年）
稲見一良 著

Q 海外に行くと、和食が恋しくなるとは言いますが…

5年以上前に読んだ、たぶん小説です。
文章が多い、もしくは背景の多い漫画だった可能性もあります。
ヒロインが気分屋？　で、渡航するのですが、
そのヒロインを大事に思っている人がハツカダイコンの種を渡して
「着いたらすぐ蒔いて、和食が食べたくなるだろうから薬味にしたらいい。
どんなに食べられない時でも、白ごはんにぽっちりとしょうゆを…」
とかなんとか言っていたような、しょうゆではなくかつおぶしだったかも？
もしかしたらこれは別の小説かもしれません。
ハツカダイコンを薬味にする、というところを覚えていたので、
薬味にできそうにもないことを知って最近読み返したいのです。

A

ハチミツとクローバー

美大生の人間模様を描く、まさかの作品で驚きました。たしかにハツカダイコン（ラディッシュ）は薬味には向かなそうですが…。どうやらハツカダイコンでも、かいわれとして育てることができそうなので、これなら薬味にもできそうですね。

『ハチミツとクローバー』

集英社（2002年）
羽海野チカ 著

Q 卵の中からいろんな料理が…！

児童書で、男性が電車で旅をしています。
お弁当はいろいろな卵で、
卵の殻を割ると中からスープやパン、
雲のわたがしなどが出てきます。
検索しても「卵料理」しかヒットしなくて、
たどり着けません。

A

ふかふかウサギ 夢の特急列車

夢の卵からは、生クリームがたくさん入ったレモンパイや、干しブドウをたっぷり入れて焼いたプディングなど、おいしそうなものがたくさん出てきます。食べられないものだからこそ記憶にも残りますね。

『ふかふかウサギ
夢の特急列車』

理論社（2000年）
香山彬子 著

Q 夢中になることを「中毒」と表現しますが、まさに…

語り手は男性。とある店の煮込み料理を食べる。
すると、その味が忘れられない！　食べずにいられない！　と、
その煮込みのことばかり考えるようになり、店に足繁く通うようになる。
その後、店主が亡くなり閉店することになる。店を訪ねると店主の妻が
「長年店をやってこられたのはこのご利益があったからだ」
的なことを言って拝んでいる。
男性が見ると、注ぎ足し使っていたその煮込み料理の
大きな鍋の中から鉛の仏像が出てきた。
それを見て語り手の男性は、
自分があの煮込みが食べたくて仕方なかったのは
鉛中毒になっていたからだと気づく…という話です。

A

不発弾「かくし味」

気になっていた店に通えば、主人や常連と、どんどん顔馴染みに。しかしこの常連たちは、どうしてか顔ぶれが少しずつ入れ替わっていきます。こちらはそんな作品ですが、本書の短編はどれも「後味」が病みつきになります。

『不発弾「かくし味」』
講談社（2002年）
乃南アサ 著

※発行元より「書店在庫なし」を確認した作品です。恐れ入りますが、図書館等でお探しいただけますと幸いです。

Q しじみ汁の身、あなたは食べますか？

太宰治か三島由紀夫だと思うのですが、「しじみの味噌汁を出してもらって、身まで食べたら笑われた」という内容がある作品の名前が知りたいです。

A

水仙

しじみの味噌汁は汁だけを飲むもので、身はダシ。そんな上流の振る舞いに愕然とし、彼らからの言葉に屈辱的な思いをする…といったエピソードですね。今後も身を取るたびに思い出してしまいそうです。

青空文庫
掲載作品

『水仙』
太宰 治 著

書庫6

試験・教科書の本を探してる!

試験や教科書に出てきた本は、
真剣に読んだ分だけ記憶に残るものの
一冊まるごと読めなかったもどかしさも残ります。
あの、鉛筆の音だけが響く教室の中、
ふとした出会いだったからこそ、
胸を打つ作品もあったのでは?

Q 現代文と思いきや…数学の問題？

高校3年生の現代文の授業とテストで出てきた話なのですが、
その時の先生が個人的に出した作品だったのか、
教科書には載っていないかもしれません。
作者が電車の中で話し相手から聞いた話を綴っているのですが、
女中にお使いかなにかでお金を渡し、
いくらかのお金のやりとりをするが、最終的に数十円ほど合わなくて
おかしいなぁと感じる、というお話。
文面だけ追うと計算が合わないように感じるんですが、
理系の人が式を立てると問題はないというような、
文系と理系で読み方が変わるような話だったように思います。

A

阿房列車

内田百閒《ひゃっけん》先生の記行文シリーズより「特別阿房列車」のワンシーンですね。割勘《わりかん》と割引と中抜きを経たところ、どうにも1円が行方不明になってしまう…というもので、数学パズルとしても知られるようです。

『阿房列車』

筑摩書房（2002年）
内田百閒 著

Q バンヤンコンジュ（仮）を探しています

国語の試験に引用されていたため、ごく一部しか知りません。
少年が友人に会いに行ったら、友人は読んでいた本から顔を上げて、
「こんばんは」ではなく「〇〇〇〇〇」と言った、というような一節があります。
この言葉、なぜか私は「バンヤンコンジュ」と覚えていますが、これは間違っています。
当時も試験のあとに読み返して、なんで間違って覚えたんだろう、と思いながら、
結局正しい方を覚えられませんでした。バンヤンコンジュ（仮）は、少年の友人がその時
読んでいた本に載っていた南方の木で、木の枝から根が垂れ下がっているのが特徴。
友人の話を聞いて少年は、その木の根にからめ捕られる
想像をする…という話だったように思います。
バンヤンコンジュ（仮）はマングローブの一種ではないかと
思いますが、マングローブだったかは覚えていません。

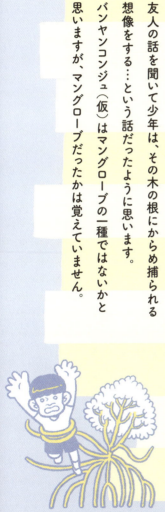

A

自動起床装置

「『バンヤンジュ……』聡が、コンバンハという調子で言った」（『自動起床装置』より抜粋）こうして見るとなんだか混じってしまった背景がうかがえますね。バンヤンジュ自体は菩提樹の一種とのことです。

『自動起床装置』
文藝春秋（1994年）
辺見 庸 著

Q 試験を重ねる中での再会もあるようです

数年前に大学入試の模試で読んだ小説です。別々の模試で2回も出てきて気になったため、受験が終わったら読もうと思っていたのですが、作品名を控えるのを失念していてわからなくなってしまいました。

- 主人公は社会人の若い男性
- 実家は布団の打ち直し業
- 現在の勤め先は化学繊維を用いた布団を製造するメーカー
- 「中綿の打ち直し不要!」を謳う製品の広報(?)に携わる
- 両親及びその仲間の布団業界の面々から裏切り者扱いされる
- 布団なんちゃら協会の人々と化繊メーカーの話し合いに同席し、板挟みになる

これが覚えている内容です。

A

真昼の花火

試験のあと、社会人になってから
の方が、自分ごとに見えてキリキリ
と胃が痛む作品かもしれません。
どうにも描写が詳しいのは、題材
となる繊維業界が吉村先生のご
家業であるため…のようです。

『真昼の花火』
河出書房新社(2010年)
吉村 昭 著

Q 試験の中でも、古文は探すのも一苦労…

本というより古文なのですが、
大学受験の時に塾で解いた古文に感動したのを覚えています。
ふと最近思い出したので特定していただきたいです。
島に流され、そのせいで友人と離れ離れになってしまった。
友人をひどく心配していた(?)が、何年か経ったある日、
笹の葉(?)が島に流れてきて、
友人が元気に生きているとわかった。

A

英一蝶 干物便り

こちらは講談《こうだん》連続物『柳沢昇進《やなぎさわしょうしん》録《ろく》』の演目の一つとして知られるお話のようです。江戸時代中期の幕臣・柳沢吉保《やなぎさわよしやす》の出世物ですが、本演目は風俗画で有名な英一蝶《はなぶさいっちょう》と、蕉門《しょうもん》十《と》哲《てつ》（松尾芭蕉の弟子）の一人、宝《たから》井《い》其《き》角《かく》の友情を題材とした内容です。

古典作品

『英一蝶
干物便り』

Q テストで最下位、一見嫌な状況ですが…

小学校の時に読んだやつなんですが、
テストの時、最下位の人だけが聞こえる妖精？ 的なのがいて、
いつも最下位の男の子が妖精と会話するのですが、
最終的にはクラス全員が最下位になり
みんなで声を出さずに会話をするというお話です。

A

びりっかすの神さま

そのクラスで最下位を取ると、「びりっかすの神さま」と話すことができます。一見ユニークなあらすじですが、勝ちへのこだわり、親の不在など重いテーマも含まれ、ラストも思わず膝を打つ作品です。

『びりっかすの神さま』
偕成社（2006年）
岡田 淳 著

Q 続きを知る友達がいる…
ことも捜索のヒント?

高校模試の現代文に問題として使われていたもので、

- 奥さんは病気
- 療養で遠くの街へ行く
- 旦那さんはお金をなんとか工面して絵の具?画材を贈ってあげる
- 奥さんは天真爛漫で明るく、とても可愛らしい印象

うろ覚えなのですが、模試のあと友人から、
「でも、この奥さんの病気は治らない（鬱になる?）」って話を
聞いた覚えがあります。

A

智恵子抄

素敵な女性が療養に…というところからピンときた方もいらっしゃるかもしれませんね。とはいえ、この作品はどの部分が抜粋されていたかによって、受け取る印象が大きく変わりそうです。

青空文庫
掲載作品

『智恵子抄』
高村光太郎 著

Q お粥《かゆ》を遠くの器に投げ入れる…？のでしょうか

高校入試の過去問で読んだお話です。漢文だった気がします。お粥をよそうのがめちゃくちゃ上手なお婆さんがいて、役人？ 主人公？ が5メートル先のお椀にお粥を入れたら褒美をやるという話で、まさかの10メートル先のお椀にお粥を投げ入れたお話を探しています。

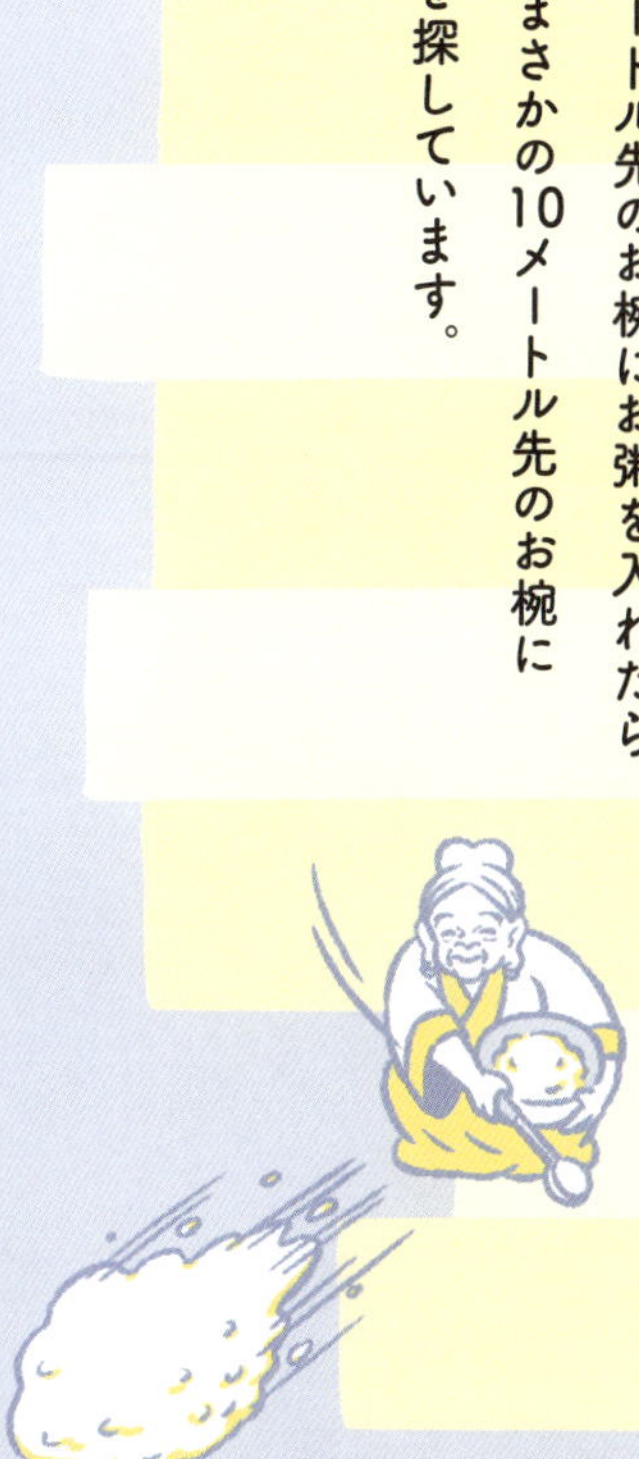

A

今昔物語集
「長安の市に汲粥施人嫗の語」

お粥をよそうのが上手なお婆さんが、長年の積み重ねにより遠くのお椀にもお粥をよそえるようになった…というお話のようでした。元々は3～6mだった路離が、月日を経てなんと12～15mに延びたそうです。

『今昔物語集
「長安の市に
汲粥施人嫗の語」』

Q そんな文章に出会えるのなら、試験も悪くはないのかも？

模試か共通テスト対策の現代文で読んだ小説を探しています。主人公（男性）は、母親との関係がうまくいっておらず、その母親と、ずっと続く雪道を車で走る描写があります。車の隣に続く雪の山には大量の水仙の花が咲いています。「文章が綺麗で覚えている」という人が何人かいるのですが、だれもその題名を覚えていません。

A

行きつ戻りつ「越前海岸」

受験を控えた息子が冬の東尋坊《とうじんぼう》へと家出。彼と母と運転手を乗せ、タクシーは雪道を…。直木賞作家である乃《の》南《なみ》先生の作品はいつ読んでも美しい文体ですが、受験の折に出会ったからこそ、より胸に響いたのかもしれません。

『行きつ戻りつ「越前海岸」』

新潮文庫（2002年）
乃南アサ 著

書庫7
特別な思い出を探してる！

本の記憶と、思い出は不可分。

あの頃読んでいた本、

あの人が教えてくれた本、

自分を救ってくれた本。

大事な思い出とともにある本を、

私たちは忘れることはないでしょう。

Q 自分と違う…ことも発見で思い出です

主人公は小学校5、6年生の女の子で、
お母さんが看護師(当時は看護婦と書かれていました)です。
女の子はお母さんに夜勤が多いことを悲しく思っていて、
そのことを新聞に投書します。するとそれが多くの人の目に留まり、
病院でも配慮をしてくれるようになって、夜勤の回数が減って
お母さんがおうちにいてくれる日が増えた…というような内容でした。
依頼とは直接関係ない話なのですが、私の母が看護師で、
なので先生が勧めてくれたのだと思います。
ですが、私自身は家に祖父母もおり
母の夜勤をさほど寂しいと思っていなかったため、主人公の
女の子とは話が合わないな…と思った記憶があります(笑)。

A

かあさんは看護婦さん

主人公・明子のお母さんは看護師で、明子の学芸会に急に来れなくなったり、夜勤で夜にはいなかったり。そのことに心を痛めた明子は作文を書き…。共感がしづらいことも含め、出会いですね。

『かあさんは看護婦さん』
岩崎書店（1989年）
及川和男 著

Q 好きな人が読んでいた本、素敵な思い出です

青い鳥文庫ではない気がするが、文庫でした。
男の子が夏休み？ に田舎でいろんな神様？ に会うお話です。
唯一覚えている神様は家の物を隠してしまう
（けど、いつのまにか物を戻してくれる）神様です。
この本を読んだきっかけが、
当時好きだった男の子が読んでいたからというもので、
今の汚れきった心をもう一度あの頃に戻したくて…
すごくあやふやな記憶なのですが見つけてくだされば幸いです。

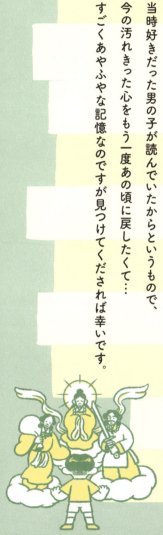

A

ふるさとは、夏

夏休みに訪れた父のふるさとで、主人公は一人の少女と出会います。謎の矢を巡り、二人は様々な神様に出会い、そして最後には…。甘酸っぱいこの本を、好きな人が読んでいたというのにもグッときます。

『ふるさとは、夏』

福音館書店（1990年）
芝田勝茂 作
小林敏也 画

Q 居場所だった図書室で、最後に出会った本

小学校の図書室で読んだ小説です。
海辺でひとり暮らす若い男の漁師が、ある夜、漁に出て人魚に出会います。
人魚と漁師が言葉を交わすシーンでは岩場の人魚が月光に照らされ、
言葉の応酬と相まってとても神秘的でした。挿絵が外国の絵のようで、
モノクロでしたが綺麗でした。人魚は漁師の家で暮らすようになったと
記憶していますが、この部分はあまり自信がありません。
クラスに馴染めず図書室が居場所だった小学生の頃、
図書室で最後に手にとった本です。
半分ほど読んだところで卒業式当日を迎え、
物語の結末を知らないまま返却してしまいました。
もしまたあの物語に出会うことができればと思い、
あやふや文庫さんを頼らせていただきます。

A

漁夫とその魂

卒業や引っ越しなど、人生の転機と共にお別れをした一冊がある方も多いのではないでしょうか。『幸福な王子』などで知られるオスカー・ワイルド。少しビターな本作ですが、ぜひ今度こそ最後まで読んで展開を見届けてほしいですね。

『漁夫とその魂』

オスカー・ワイルド 著

Q
江戸川乱歩、ではないのなら…

人からすすめられた本も探していただけるでしょうか。
5年ほど前に友人から、
「江戸川乱歩の小説で壁の中に人が埋まる話がある。
あなたが好きそうな本だからぜひ読んで」と言われました。
タイトルはわかりません。

A

黒猫

乱歩ではなく、ペンネームの由来となったエドガー・アラン・ポーの方でした。たしかに「壁の中に人が埋まる話」ですね…！ なるほど、そう説明できるのか！ と驚きました。短編ですので、未読の方はぜひ誰が、どうして埋まるのかを読んで確かめてみてください。

『黒猫』

集英社文庫（1992年）
エドガー・アラン・ポー 著

Q お父様の思い出は、記憶を題材とした一冊でした

10年ほど前、学校の図書館で借りた本です。
日本の学生が主人公です。記憶を買い取ってくれる魔女？ お店？ があって、
そこで話した内容は自分の中から消えるというお話でした。
虐められている女の子はその内容を話すことで虐められている記憶を消して
リフレッシュしたり、母親と仲が悪い男の子は母親との喧嘩の記憶を
買い取ってもらっていましたが、事故で母親を亡くしてから、
お葬式のお金でお母さんとの記憶を買い戻していました。
亡き父に何度も繰り返し読んでもらった思い出の本です。
実家にあったはずですが、
捨てたか他人にあげてしまったらしく見つかりません。

A

想い出あずかります

文庫で文字数も多い作品ですので、ご依頼主様が大きくなっても一緒に本を読んでいた、あるいはまだ小さいうちにお父様が少し背伸びをさせてくれていたのだろう、という気がしております。

『想い出あずかります』
新潮文庫(2013年)
吉野万理子 著

Q 心細いときにそばにいた本、覚えていますか？

幼い頃、入院していた時によく読んでもらっていました。絵本です。
まだちゃんと文字を読めない頃の記憶なので物語は覚えてません。
野良ネズミの家族のお話で、
キイチゴを食べている描写をよく覚えています。
柔らかいタッチの絵でした。

A

ひめねずみのみーま

今日まですっかり忘れていたのですが、私もこの本を、とっても小さな頃に読んでいました。かわいらしいタッチのネズミの絵本。お心あたりのある大人の皆様には、ぜひ再会してほしい一冊です。

『ひめねずみのみーま』
福音館書店（1996年）
白石久美子 さく

番外編

本じゃなかった！

本だと思っていたものの…

探してみると本じゃなかった！

そんなことも、たまにあります。

映画やドラマや、はたまた伝承や…

記憶に残る言葉は、本だけのものではありません。

Q

ミステリーかも。とのことですが…

登場人物の一人（男性）が自殺をしてしまいます。

自殺した男性の妹か恋人、もしくは娘のセリフに
「○○（男性）は自殺じゃなくて事故死だ」

「仮に自殺だったとしても、死ぬ瞬間、私たちのことを思い出して
〝やっぱり生きたい〟と考えたはず」

「意図せずに死んだのなら、それは事故だ」

とあります。覚えているのはこのシーンのみです。

「金田一少年の事件簿」等のミステリー系だったかもしれないです。

A

家政婦のミタ

「自分の心境を表しているかの様に思え、もし作品が判ったのなら、この女性が今後どうやって生きていこうとしているのかが知りたい（抜粋）」とご依頼いただいた、私にとっても思い出深い記憶です。

ドラマ『家政婦のミタ』（日本テレビ系）

Q 詩集では見つからなかったようで…？

中学の図書室で読んだ外国の詩を集めた詩集。
マザーグースの全集をチェックしたけれど見つからなかった。
内容は女の子が結婚の条件を突きつけるもの。

私と結婚したいなら
海と砂浜の境界の土地を1エーカー耕して畑にして
朝露の粒を繋いでネックレスにして
（中略）
ぜんぶ用意できたなら
あなたと結婚してもいいわ

という、無理難題を連ねていくような内容だったと思います。

A

スカボロー・フェア

昔の恋人との復縁に関し、涸《か》れた井戸で洗え、縫い目のないシャツを、広大な土地を…と、無理難題を答えることで、その願いが叶わないことを示す歌でした。まるでかぐや姫での燕《つばめ》の子《こ》安貝《やすがい》ですね。

「スカボロー・フェア」（イギリス民謡）

おわりに

あやふや文庫は2019年の5月の、ぬかるんだ川沿いで誕生したアカウントです。

私はお気に入りの革靴の爪先を水溜まりでほんの少しダメにしていて、「ああこんな場面、たしか本にあった。わざと革靴を水に濡らす描写のあるあの本はなんだっけ。誰か教えてくれないかな」とぼんやりと考えたところからすべてが始まりました。当時はカズレーザーさんがよくTwitter（現X）でクイズを出していて、私もカズレーザーさんになれば「クイズ」という形でこの問いを誰かと共有できるのに……と。

その日のうちにアカウントのアイコンや規約をたて、幸か不幸かあんまり整備されていないままに運営は始まりましたが、当日のうちに3万人以上のフォロワーさんと、5000通近いあやふや記憶に恵まれ、そこからはせっせと本と向き合う日々。人に相談や協力を仰ぎながらも、気がつけばそこから5年の月日が経っておりました。

あやふや文庫には、たまに「これ、私もわかるぞ」という記憶が届くことがあります。最初期は「依頼者の方が本と再会すること」を目的として「この本ではないですか」とそのままDMでお戻ししていた頃もありました。ですが、ある時からはたとえビビビときてもそのまま記憶を掲載するよう変化していきました。

理由の一つは、私程度にわかる本であれば皆様には一瞬でわかるに違いない！という見立てです。実際、皆様も「チョウを握りつぶす」とくれば「少年の日の思い出！」とすぐにピンとくるのではないでしょうか。もちろん、その授業は受けていないという方だって、この本の中のどこかに「すでに出会ったことのある本」が潜んでいたのではないでしょうか。

実際、私にもわかる本というのは皆様にはすぐに気がついていただけます。

知らんぷりをして載せた本が見つからなかった、ということはそうそうありません。

けれどこの、きっと見つかるはずだという見立てや信頼だけが理由のすべて、ではございません。一番大きな理由は、本と再会するだけでなく、同じ本を読んだ人がいる、ということに出会ってほしいという小さなエゴです。

あやふや文庫のアカウントを運営する日々の中、大好きなラジオのイベントに参加することがありました。ラジオというのは孤独な趣味で、基本的に誰かと団欒《だんらん》形式で楽しむものではありません。受験の夜、通学路、料理中といった、ひとりぼっちの瞬間を分かつものです。だからおんなじ音を、この世界でどれだけの人数が聞いているのか、ということはよくわかりません。そもそも、その放送は実は自分一人しか聞いていないのかもしれない。けれど、一度イベントが開かれれば、そんな一人が集まって、ホールはぎゅうぎゅうになります。

本はどうしたって、ひとりぼっちの趣味です。もちろん誰かに貸したり、借りることだってあるでしょう。けれどずっと昔、図書館で出会ったあの本を選んだ時のあなたは、きっと一人だったと思います。ですが、あやふや文庫に一度記憶を掲載すれば、日本中のいろんなところから、おんなじ記憶を持ち合わせた人が集まってくることでしょう。

それはつまり、同じ本を読んで、その思い出を今日まで握りしめている人が、あなたの他にもいるということです。

思い出の本と再会してほしい。まだ見ぬ、それでも人生を変える一冊とうっかり出会う人が現れてほしい。

本の知識の腕試しをしてほしい…そんな思いはもちろんありますが、探したい本がなくたって、今は本の気分じゃなくたって、まずはいろんな人に誰かの記憶に触れてほしい、と願っています。

その本は見つからないかもしれないし、もしかしたら本じゃないのかも。

けれど、たしかに誰かの記憶には残り続けている、大切な思い出であることは変わりません。

あやふや文庫はこれからも、インターネットの片隅であなたのご来店をお待ちしています。

最後にはなりますが、書籍化にあたり尽力いただいた皆様、今日まで本を支えてくださった皆様に、心より感謝申し上げます。

あやふや記憶の本棚

思い出せないあの本、探します

2024年10月31日　第1刷発行

著者　あやふや文庫

発行者　矢島和郎

発行所　株式会社 飛鳥新社
〒101-0003
東京都千代田区一ツ橋2-4-3 光文恒産ビル
電話 03-3263-7770（営業）
03-3263-7773（編集）
https://www.asukashinsha.co.jp

デザイン　soda design（タキ加奈子、なんとうももか）

イラスト　Rino

校正　小出美由規

印刷・製本　中央精版印刷株式会社

落丁・乱丁の場合は送料当方負担でお取替えいたします。小社営業部宛にお送りください。本書の無断複写、複製（コピー）は著作権法上での例外を除き禁じられています。

本作掲載の書籍に関するお問い合わせは、発行元ではなく、弊社HPのお問い合わせフォームまでお願いします。

©ayafuyabunko 2024, Printed in Japan
ISBN978-4-86801-042-5

編集担当　市原由衣